Was das Leben ausmacht

ausmacht

Teil 2

weiterführende Texte

von Benjamin G.

Was das Leben ausmacht

ausmacht

–

Teil 2

Weiterführende Texte

von Benjamin G.

Umschlag: Benjamin Geiser

Herstellung und Verlag:

BoD – Books on Demand, Norderstedt

ISBN: 978-3-7494-7128-7

Erschienen in der *BenG - Buchreihe* by Benjamin Geiser

<u>www.dasgeiser.li</u>

Vorwort

Wir leben in einer Welt. Wir leben. Manchmal geht es bergauf und manchmal bergab. Was macht das Leben aus? Was macht es glücklich, schön oder aber auch schwierig?

Dies ist Teil 2 des Buches „*Was das Leben ausmacht*". Ganz im Sinne des ersten Buches ist auch dieses gestaltet. Es ist Fortsetzung und Erweiterung, zugleich aber auch Prequel und Vorgeschichte. Die beiden Bücher fügen sich ineinander als Puzzleteile, durch welche sich Texte gegenseitig ergänzen. So z.B. der Text „Kunst" oder die „Bei mir angekommen"-Textreihe.

Auch in diesem Buch sind wieder einzelne Texte von Freunden zu finden. Viel Freude und eine gute Zeit beim Weiterdenken über das Leben wünsche ich dir!

eine Auswahl:
weitere Texte.
Prosa und Poesie.
Gedanken, die einladen.
zu Begegnung und Gespräch.

Inhaltsverzeichnis

Was das Leben ausmacht.

weitere Texte.

In einer Altbau-WG

2018-05-21 10.58

Geräusche beim Frühstücken:
Brummen des Kühlschrankes,
Ticken der Uhr an der Wand.
Klappern von Besteck auf Teller.
Vögel zwitschern draussen.
Es ist schön!

Ausstattung im Küchenschrank:
Verschiedene, farbige Teller.
Grosse Trinkgläser, 8-eckig, zum Teil dellen drin.
Ein tönerner Teekrug,
Wasserkaraffe.
Tassen verschiedener Formen und Farben.
Grosse und kleine, für Tee, Kaffee und Espresso.

Wohnzimmer:
Ein Ecksofa.
Glastisch mit Alufassung.
Ein E-Piano,

eine Gitarre.
Kallax IKEA-Möbel, 4x4 Kacheln.
Stühle mit und ohne Sitzkissen, alle blau.
Ein Couchtisch mit Tischläufer
und Zeitschriften.
Offene Fenster,
Sommerbrise.

Kunst – Fortsetzung

2018-01-12 14.24 - *weiterführende Gedanken*

Viele Eindrücke. Viele Fragen. Liegen in diesem Gebäude
verborgen, liegen in der Luft. Viel Unsicherheit und Suchen
nach Antworten. Kunst ist überall, weshalb existiert sie?
Ein Mann mit Haarzopf, Vollbart und tätowierten Armen
geht draussen über den Hof. Kunst. Was ist Kunst? Oder tue
ich dem Kunstwerk unrecht?

> *Wikipedia: Kunst (lateinisch ars, griechisch téchne[1])
> bezeichnet im weitesten Sinne jede entwickelte Tätigkeit,
> die auf Wissen, Übung, Wahrnehmung, Vorstellung und
> Intuition gegründet ist. [...] Im engeren Sinne werden
> damit Ergebnisse gezielter menschlicher Tätigkeit benannt,
> die nicht eindeutig durch Funktionen festgelegt sind.*

Kunst hat keinen Sinn, doch ist sie sinnstiftend. Sie gehört
nicht primär dem kognitiven Bereich an, sondern ist

Fühlen, Wahrnehmen, Herzenssache. Kunst entsteht aus Intuition, sie kommt aus dem Inneren. Ich drücke aus, oder nehme wahr. Ich gebe von mir preis oder nehme Anteil am anderen.

Kunst ist Ausdruck, emotional. Kunst ist nicht greifbar, nicht rational. Die Frage nach Struktur, nach Denken, nach Figur lässt den Künstler nicht primär leiten, sondern „was macht es mit mir, wie fühl ich mich dabei, was für eine Atmosphäre tut es verbreiten?"

Homeweek – Fortsetzung

2018-02-28 22.49 – Teil 2

Ein buntes Treiben. Eine gefüllte Geräuschkulisse. Gespräch, Gesang, Musik und Instrumentenklang.

Überall läuft etwas. In kleineren Gruppen, in grösseren. Oder alleine.

Faszinierend und eindrücklich, wie so vieles parallel läuft. Es läuft so vieles gleichzeitig und doch scheint es sich nicht gegenseitig zu stören. Eine Gitarre spielt das eine Lied, die andere ein anderes. Das Klavier klimpert dazu und die Bluetooth Box spielt aus der Konserve.

Sie sind alle da, die Jugendlichen. Sie sind da und fühlen sich wohl. Auf die eine oder auf die andere Weise.

Dazuzugehören, dabei zu sein, ist das, was es ausmacht. Einfach da sein ist gut! Es gibt in diesem Moment kein höheres Ziel oder einen vorsätzlichen Gewinn.

Einfach da und ein Teil davon sein. Auch wenn ich im Augenblick noch keinen Anschluss gefunden habe.

Da sein für mich. Da mit anderen. Da sein für andere.

Freundschaft

– by Rahel Baufeld

Freundschaft ist was Spannendes. Es gibt viele Arten von Freunden. Den einen kennt man schon viele Jahre. Den anderen erst wenige Monate. Mit dem einen verbringt man viel Zeit. Mit dem anderen eher weniger. Der eine hat die gleichen Interessen. Der andere nicht. Mit dem einen hat man schon viel erlebt. Mit dem anderen nicht. Der eine spricht die gleiche Sprache. Der andere nicht. Und nichts davon beschreibt die Nähe der Freundschaft. Nichts beschreibt die Vertrautheit. Nichts die Liebe. Freunde können sich sehr nah sein, vertraut sein, sich rein freundschaftlich lieben. Warum ist mir der eine Freund näher als ein anderer? Warum bin ich mit dem einen Freund so vertraut? Warum mag ich den einen Freund mehr als den anderen?

Vermutlich sind die Antworten darauf so vielfältig wie die

Freundschaften selbst. Manches Mal kann ein sehr vertrauter Freund einem fremd werden. Vielleicht weil man sich auseinander lebt, die Lebensrealitäten sich verändern. Manches Mal wird aus einem Fremden ein Freund. Weil man sich zueinander lebt. Ich erinnere mich noch gut an ein langes Gespräch mit Benjamin. Wir sprachen über Freundschaft. Darüber, wer ein Freund ist und ob man Freunde lieben kann. Wie Freundschaft wachsen kann und hält. Dass es Arbeit bedarf. Darüber, dass wir manchmal vergessen, wie gut uns manche Freundschaften tun. Ob man seinen Freunden sagen sollte, dass man sie liebt. Wie man seinen Freunden am besten sagt, dass man sie liebt. Darüber, dass es manchmal auch Freundschaften gibt, die einem nicht gut tun. Wir sprachen über Freunde aus Kindheitstagen, Schulfreunde, Studienfreunde, Kirchenfreunde...

Und über den Spruch: „Es heißt Freundschaft, weil man mit Freunden alles schafft". Über vieles haben wir gesprochen und so manches haben wir gelernt. Freundschaft ist etwas Wertvolles. Freundschaft ist Lachen. Freundschaft ist Wein trinken. Freundschaft ist zusammen Musik machen. Freundschaft ist an einem Projekt arbeiten. Freundschaft ist spazieren gehen in der Pomo*. Freundschaft ist gemeinsam die Vorlesungen überstehen. Freundschaft ist auf einen Tee und Kekse beim anderen vorbei gehen. Freundschaft ist im Hof unter der Linde liegen und den Sommer genießen. Freundschaft ist das zwischen dir und mir.   *(*Stadtpark in Rtl.)*

Alleine sein

2018-12-09 00.18

Ich geniesse es, alleine zu sein!

Nicht alleine sein,
weil ich muss,
weil niemand da ist,
der mir Gesellschaft leistet
– nicht „einsam sein".

Sondern alleine sein,
weil ich jetzt
bewusst Zeit
nur mit mir
geniessen möchte,
einfach Zeit haben,
um zu sein,
ganz für mich.

Am Abend,
wenn es draussen dunkel ist
und der Wind über den Hügel weht,
wenn die Blätter der Bäume rascheln
und die Äste rauschen,
dann spür ich eine Ruhe,
eine Ruhe im Sturm,
denn ich bin sicher geborgen

im Innern des Hauses,
im Warmen

        und geborgen in dir Gott!

***

Der Abend scheint
zeitlos zu sein und
so auch die Nacht.
Es sind da
keine Termine und
sonst niemand,
der etwas von mir erwartet.

Und auch ich habe keine Dinge mehr,
die ich tun will
einfach sein und
fühlen,
zeitlos befreit und
ohne Bindung,
einfach sein,
inmitten des Universums,
ungebunden.

Freiheit –
ohne nachher,
ohne vorher,
ohne Erwartungen
von mir oder

von anderen,
ohne Bindung und
ohne Verpflichtung,
einfach sein

ganz im Jetzt
und ganz mit mir,
alleine sein

mit Gott.

***

Ich geniesse es, gemeinsam zu sein!

Nicht gemeinsam sein,
weil ich muss,
weil jemand da ist,
der mir zwar
Gesellschaft leistet,
doch nur die Zeit vertreibt und
mich langweilt
– nicht „gemeinsam einsam" sein.

Sondern gemeinsam sein,
weil wir beide wollen,
weil ich will und
ich dir nahe sein will
– und ebenso du mir.

Zusammen da sein und
keine Erwartung haben,
als nur
da sein,
zusammen und
für den anderen.

Gemeinsam sein und
sich verstanden fühlen.
Gemeinsam sein und
sich daran freuen.
Gemeinsam sein,
ohne Zwang und
ohne Forderungen,
einfach da sein,
gemeinsam und
doch frei.

***

Der Morgen ist frisch
und wolkenlos.
Die Sonne geht langsam auf
und der Kaffee duftet
herrlich heiss aus der Frühstückstasse.
Wir sitzen beide da,
am Frühstückstisch.

Wir geniessen die Gesellschaft,

zuerst schweigend
gemeinsam
und dann
beginnen wir plötzlich
zu reden.

Wir denken und reden
und – denken gemeinsam.
Wir sind jetzt
einfach da,
Freiheit,
ohne Bindung und
ohne Erwartung, was dann kommen soll,
einfach sein

ganz im jetzt
und ganz mit dir,
gemeinsam sein.

Was das Leben ausmacht...

2018-07-14 23.35 – by Raphaela Hofer

Einfach mal in den Zug steigen und eine Freundin besuchen.

Auch mal unvernünftig sein, bis spät nachts wegbleiben und
Spass haben - und dann am nächsten Morgen zur Arbeit
gehen.

Leute zum Essen einladen, obwohl man nicht kochen kann und es auch nicht besonders gerne tut - und dabei merken, dass man doch kann und mag.

Nachdenken über den Sinn und Unsinn des Lebens und diese Gedanken mit Freunden teilen.

Musik machen, Lieder singen oder über Skype in die Kleingruppe gehen.

In die Natur gehen, loslaufen ohne zu wissen, wohin.

Über den eigenen Schatten springen und Dinge tun, vor denen man sich fürchtet(e).

Sich freuen an kleinen und grossen Dingen und dabei nicht vergessen, wer sie schenkt.

Spazieren

2018-06-20 14.40 – by Anna-Lena Wiblishauser

Gestern bin ich auf den Georgenberg gelaufen, barfuß, die warme Sonne auf der Haut. Ein schöner schmaler weg durch die vielen Gütles. Ich habe mich gefreut über die Pflanzen und den Boden zu spüren, über das Schnaufen den Berg hoch und dann die Aussicht in der Abendsonne mit den Heißluftballons am Horizont. Das war einfach und bewusst leben und genießen. Auch wenn es nur für $1^{1/2}$ Stunden war.

Was ich eigentlich will

2018-01-01 19.26 – ein Entwurf

...

Ich will aussprechen,
was ich denke
und was ich fühle,
weitergeben.

Denn so oft geht es mir so,
wie es auch anderen geht.
Nur weiss keiner,
wo der Nächste
mit seinen Gedanken steht,
wenn sie niemand ausspricht!

...

Ich will, wenn ich morgens aufstehe,
und mein Gesicht, wie die Sonne im See
sich spiegelnd, im Spiegel erblicke,
vor Freude in die Luft springen,
weil es mich so entzückte.

...

Ich will Wahrheiten weitergeben,
denn gute Worte bedeuten Segen.

Denkwürdigkeit

– by Janina Schmückle

Es ist nicht schwer, sich Gedanken über Benjamin zu machen, ist er doch einer der denkwürdigsten Menschen, die mir begegnet sind. So müsste es eigentlich heißen:

Gedanken über Benjamin G. oder
die Denkwürdigkeit des Benjamin G.

Die Denkwürdigkeit des Benjamin – damit meine ich, dass er all den vielen großen, kleinen, scheinbar unbedeutenden, wichtigen und banalen Dingen Würde schenkt, indem er über sie nach-denkt. Und wie ich ihn kenne, denkt er tatsächlich beinahe über alles nach, auch über die vielen Menschen, die ihm begegnen. Er schenkt seinen Mitmenschen Würde, indem er sie nicht unbedacht in Schubladen steckt, sondern über sie und mit ihnen nachdenkt. Großzügig verschwendet er voll Freude Gedanken über die Gedanken anderer. So brauche ich mich nie zu schämen, über all meine Gedanken zu reden, weil Benjamin es für Wert erachtet, mit mir darüber nach zu denken. Und eben weil Benjamin so vieles, inklusive meiner eigenen Gedanken, als denkwürdig erachtet, wird er mir zu einem der denkwürdigsten Menschen – einem Menschen, über den auch ich gerne nachdenke, dessen Gedanken ich gerne nach-denke, um zu lernen die Welt und Gott als denkwürdig zu erachten.

Es scheint mir also angebracht zu sein, Benjamin einen Text zu widmen, der sich mit nichts Geringerem als mit der Denkwürdigkeit befasst:

Das denkwürdige Tor

Zwei Wände

Ich habe in einer Welt mit zwei Wänden gelebt. Sie war sicher, alles lief glatt, es gab keine Stolpersteine. Jenen die so unvernünftig und gefühlsduselig in ihren dreidimensionalen Welten umherstolperten, gab ich Ratschläge und gute Worte, mich überlegen fühlend, weil ich in meiner Welt immer einen festen Stand hatte. Ab und an, das gebe ich zu, wunderte ich mich ein wenig über meinen festen Stand. Warum brachte mich nichts ins Wanken? Ein wenig Wanken wäre vielleicht sogar ganz nett. Doch im Zweidimensionalen lässt es sich nur sehr schlecht wanken. Die Position von der aus ich beobachtete, konnte ich variieren: mal von unten links bewundernd aufblickend, mal von oben rechts im Eck scheinbar alles durchschauend – aber doch nur Beobachtung.

Der Stein

Eines Tages dann lag ein Stein in meiner Welt. Vielleicht lag er immer schon dort, hast du ihn dort hingelegt, hab ich ihn selbst ganz unverantwortlich heimlich aus der Jackentasche plumpsen lassen? Da lag er nun der Stein und ich begann ihn zu umkreisen. Erst in weiten Bögen, dann immer näher bis ich irgendwann so weit war, dass ich daran stieß – und da geriet ich ins Wanken. Erst leicht – das war gar nicht so übel; dann stärker – das machte mir Angst. So spielte ich immer wieder dasselbe Spiel. Ich näherte mich dem Stein in weitem Bogen, bis ich bereit war mich daran zu stoßen. Und mit jedem Mal, wie ich daran kam und ins Wanken geriet, wurde der Stein größer, bis er eines Tages zu einem stattlichen Tor geworden war.

Das Tor

Dieses Tor war wohl das Denkwürdigste, das mir je begegnet ist. In vielen weiten Bögen gehend, dachte ich über dieses Tor nach, bis mir irgendwann klar wurde, dass, so denkwürdig dieses Tor auch war – schlussendlich so einfach und – „oh große Angst" – es nur dazu da war um hindurch zu gehen.

Die dritte Wand

Hinter dem Tor verbarg sich keine neue, schillernde Welt und es wurde auch nicht weniger denkwürdig indem ich es immer wieder durchschritt und umkreiste. Dass das Tor zur dritten Wand meiner Welt geworden war, begriff ich schließlich nicht durch einen meiner vielen Gedanken, sondern, als ich einmal durch das Tor schritt – und fiel. Es war kein Wanken von rechts nach links, es war ein Fallen in eine riesige Tiefe. Nach dem Stolpern und Wanken hatte ich jetzt also das Fallen kennengelernt und damit wurde mir und meiner Welt die Tiefe zum Geschenk gemacht. Treu und verlässlich blieb dabei das denkwürdige Tor und bei seinem Durchschreiten hob es mich schließlich auch in die Höhen empor. Da lernte ich loslassen und fliegen und mir wurde die Leichtigkeit geschenkt.

Wann immer ich es nun durchschreite, das denkwürdige Tor, will ich dankbar und mutig sein und an ihn denken – an den kleinen Stein.

Ich habe die Freiheit zu leben

2017-01-05 08.02

Ich habe die Freiheit zu leben, denn ich lebe. Ich darf leben, solange ich atme, weiss ich, dass ich noch lebe.

Ich habe die Freiheit zu leben, denn ich kann entscheiden was ich tun will im Alltag. Ich kann mich entscheiden zu atmen oder nicht zu atmen. Aber kann ich das wirklich? Habe ich die Freiheit, einfach aufzuhören zu atmen, einfach, weil ich mich dazu entschliesse?

***

Ich habe die Freiheit,
frei zu leben,
weil es mich freimacht.

Ich habe das Privileg,
selber zu entscheiden,
wie ich meinen Alltag einrichten will,
was ich arbeiten will,
wann ich wo hingehe,
mit wem ich welche Termine
vereinbaren werde.

***

Grundsätzlich
bin ich
frei
denn überall
wo ich
mich
verpflichtet
habe
ich mich
selbst
verpflichtet
in die
Entscheidung
liegt bei mir....

***

Ich habe die Freiheit zu leben

Ich habe die Freiheit zu leben, denn ich lebe. Ich habe die Fähigkeit, mich zu entscheiden. Entscheidungen zu treffen gehört zum Alltag dazu. Meist bin ich frei, dazu in der Lage, mich so oder anders zu entscheiden. Meistens habe ich die Freiheit dazu, im nächsten Moment das zu tun, was ich gerne tun möchte. Denn meistens hindert mich niemand und nichts daran, zu tun oder zu lassen, wie es mir beliebt. Ich muss mir einfach sicher sein, dass es das ist, was ich grad tun will. Oder was ich grad fühlen will.

Raff dich auf und tue, was dich reizt! Tue, was dich belebt und dir neuen Mut & neue Kraft gibt!

***

Du musst es nicht selbst tun, sondern darfst dich von IHM erfüllen lassen. Und hier hast du die Freiheit, ja oder nein zu ihm zu sagen.

Freier Wille. Freiheit in der Beziehung zu ihm. Will ich mich aktiv zu ihm hinbewegen oder an ihm vorbei leben? Es geht nicht darum, ob ich ihn brauche oder nicht. Es geht nicht darum, ob er fake ist oder echt. Es ist Beziehung, Relation, Zugehörigkeit – in Freiheit, weil er frei macht und Frieden in ihm seinen Ursprung hat.

So unendlich frei
hat er mich gemacht!

Abschied

2017-03-10 20.53 – Fahrt von Reutlingen nach Schlieren

Abschied ist schön, wunderschön.
Abschied ist schwer, unendlich schlimm.

Ich denke zurück an all das Schöne, das ich erlebt habe. All die guten Begegnungen, tiefen Gespräche, wunderbaren Momente. Ich bin meinen Freunden dankbar für alles, was sie mir mitgegeben haben.

Ich liebe sie. Ich liebe sie für alles, was sie getan haben und für alles, was sie unterlassen haben. Sie ist mir ans Herz gewachsen, er wurde ein Teil von mir, von meiner Welt. Wir haben zusammen Musik gemacht und Brettspiele gespielt. Wir haben zusammen Kaffee getrunken, Freuden und Leiden geteilt. Die letzten Wochen waren einfach gut, gut für Leib und Seele. Mein Herz hat aufgetankt und ich war glücklich. Ich öffnete mich, ich ging auf, blühte auf in der Gemeinschaft. Nichts kann diese Freundschaften ersetzen. Sie werden bleiben, auch wenn ich weiterziehe.

Die Zeit war wunderschön, wunderbar und einfach voller Wunder. Freude in mir, Sehnsucht nach mehr, gleichzeitig Trauer und Schmerz weil die vergangene Zeit vorbei ist. Schöne Trauer, wunderbarer Schmerz. Ich möchte nichts missen, ich bewahre es in meinem Herzen. Doch sehne ich es auch nicht zurück, sondern gehe vorwärts. Gute Zeiten vergehen, ich behalte sie mit Freude in Erinnerung. Schöne Zeiten werden noch folgen, ich erwarte sie mit Hoffnung und Zuversicht.

Ihr habt mir so viel gegeben, dafür bin ich dankbar. Ich konnte auch euch viel geben, dafür bin ich dankbar. Ich bin dankbar für jedes gewechselte Wort, jeder gemeinsame Gedanke. Jede Umarmung, jeder Händedruck, jeder liebe Blick und auch jedes Schweigen haben mich zu dem gemacht, der ich bin. Ich bin dankbar dafür.

Schönes ist vorbei, Schönes wird folgen. Doch die Zeit dazwischen ist schwierig. Jeder Abschied ist schön, voll Erinnerungen, aber auch tragisch, denn ich lasse zurück. Jeder Abschied ist wunderbar, voller Glück, und doch schlimm, denn Trennung steht bevor.

Ich sag auf-wiedersehen, nicht tschüss. Wir werden uns wiedersehen, nicht verlieren. Ich sage lebe wohl, lass dich unter dem Segen Gottes gehen. Bis wir uns wieder treffen vergeht seine Zeit, doch die Freundschaft bleibt.

abschied

2017-12-28 – by Franziska Geiser

lass uns
noch einmal
brot brechen

du für mich
ich für dich

lass uns
den kelch
austrinken
bis zur neige

lass uns
die hände
reichen

vergebung
aus tiefstem herzen

lass uns
ohne groll
ohne bitterkeit
den weg gehen
wohin er auch führt

lass unsere liebe
nicht sterben
sondern

wachsen
hinein
in die liebe
die die ganze welt
trägt   *für r.*

abschied   21

Feste feiern, wie sie fallen

2018-08-17 10.18

Wir feiern die Feste, wie sie fallen.
Lass uns tanzen und fröhlich sein.

Wir sammeln Jahre um Jahre und altern.
Lass uns
die Zeit nehmen, die wir noch haben und
noch einmal zusammen sein.

***

Und als ich so lebe, Monat um Monat und Tag für Tag, so wird mir auf einmal wieder bewusst, dass ich meine Lebensziele immer noch nicht umgesetzt habe.

Ich wollte grosse Dinge vollbringen und unglaublich gute Sachen machen. Ich wollte die Welt erkunden und Urlaub machen. Ich wollte mein Hobby zum Beruf machen und nicht durch Arbeit die Hobbys abschaffen. Ich wollte dies und das und doch bin ich noch hier und mache, was ich immer tat; nämlich nicht viel – und schon gar nicht Weltbewegendes.

***

Wir feiern die Feste, wie sie fallen.
Lass uns tanzen und fröhlich sein!

Was das Leben ausmacht. weitere Texte.

Wir sammeln immer mehr Jahre und altern.
Lass uns
die Zeit nehmen, um
noch einmal beisammen zu sein.

***

Und als ich so lebte, sich Woche an Woche reihte, wurde
mir auf einmal wieder bewusst, dass meine Lebensziele
noch immer nicht verwirklicht wurden.

Ich wollte Menschen begegnen und Freunde wiedersehen.
Ich wollte mich für Tiere und Umwelt engagieren, nur noch
mit dem Elektromobil parkieren. Ich wollte immer aktiv
bleiben und vielleicht auch Politik betreiben. Ich wollte
dieses und jenes und doch bin ich viel einsam, beschäftige
mich mit mir selbst; wollte den Kampf ansagen, mich
verändern, doch bleib ich, stetig wie ein Fels, noch an Ort
und Stelle wie immer.

***

Wir feiern Feste,
Geburtstag und Weihnachten
und noch einmal Geburtstag.
Lass uns singen und fröhlich sein.

Wir sammeln Tage
unzählbar, und
werden älter

Feste feiern, wie sie fallen   23

unscheinbar.
Lass uns die Zeit nehmen,
die wir noch haben und
noch einmal
gemeinsam
versammelt sein.

***

Und als ich so lebte, Erfahrung um Erfahrung reicher wurde und Jahresringe sich um meine Augen drehten, wurde mir auf einmal wieder klar – dass ich hier schon einmal war und – dass ich noch nicht da bin, wo ich sein wollte, meine Lebensziele noch immer unerreicht sind.

Ich wollte Leben haben und Leben leben. Ich wollte Leben teilen und neues Leben erschaffen. Ich wollte mich fortpflanzen und Bäume setzen, Blumensamen in die Erde legen und sehen, wie etwas Neues entsteht. Ich wollte kreativ sein und Weltveränderndes erfinden, wie das Rad oder das Wasserklosett im Badezimmer. Ich wollte mich bei all dem selber wieder finden und doch bin ich noch der selbe wie immer. Ich tue nur Alltägliches und davon oft zu wenig. Die Welt dreht sich auch ohne mich und das Rad gibt es leider schon und so sind alle Ideen, die ich zu Papier gebracht, zerknüllt die Toilette heruntergeflossen.

***

Was das Leben ausmacht. weitere Texte.

Wir feiern Feste, wie sie fallen.
Lass uns tanzen und fröhlich sein.

Wir sammeln Jahre um Jahre und altern.
Lass uns einfach beisammen sein.

Um die Zeit verstreichen zu lassen
und zu vergessen,
was wir eigentlich wollten.
Um zu sehen, wie unsere Ziele mal wieder
auf morgen verschoben
werden und immer
unerfüllt bleiben werden.

***

Lass uns stattdessen neue Feste erfinden, um sie zu feiern, wann wir sie setzten. Lass uns nicht mehr von Umständen bestimmen und uns das dann auch noch gefallen lassen. Lass uns aufstehen – endlich den Wind in den Haaren wahrnehmen, wenn wir dann in Fahrt sind – und losfahren an die Orte, die uns erwarten, weil wir sie uns ausgesucht haben.

Lass uns das Leben gestalten nach unseren Träumen und Wünschen, nicht länger denken, wir wünschten uns, dass Träume sich erfüllen, sondern uns engagieren, um sie in Realität zu sehen, aktiv erfüllt zu leben.

Lass uns aufstehen, aufeinander zugehen und uns

kennenlernen, denn bisher haben wir uns nur an Weihnachten und Geburtstagen gesehen.

Lass uns Anteil haben und geben an unseren Lebenszielen und uns gegenseitig dorthin bringen, dazu ermutigen, loszulegen und dann zusammen die Ziellinie überrennen.

Lass uns einander umarmen und jubeln, wenn wir dann zurückblicken auf all die Feste.

Lass uns erneut feiern und diesmal wissen, wir kennen uns nicht nur vom Sehen – wir sehen im anderen eine bekannte Seele, haben die Jahre gemeinsam erlebt und die Ziele zusammen gesteckt und gesiegt über all die Niederlagen im Leben und Dinge gefunden, die weit grösser sind als die unglaublich guten Sachen, die wir machen wollten.

***

Wir feiern die Feste, wie wir wollen.
Und wir tanzen und singen
und freuen uns am Fröhlichsein.

Wir sammeln Jahre um Jahre und altern und mit jedem neuen Tag werden wir an Erfahrung reicher und im Herzen weicher, denn von unfassbar grosser Freude erfüllt sehen wir, dass wir wirklich weise und glücklich wurden.

***

Und lass uns dann zurückschauen – zusammen – wenn wir alt sind und dann sehen: Es hat sich gelohnt zu leben nach

Was das Leben ausmacht. weitere Texte.

den Träumen und zu sehen, dass sie wachsen, wenn man sie giesst, die Bäume. Und es wird uns klar: Es hat sich gelohnt, Jahr für Jahr zu altern und sich manchmal abzurackern, all die Dinge zu tun, die wir tun wollten und die Orte zu sehen, die wir uns ausgesucht haben. Und uns dann wiedersehen und wissen: Es ist gut!

Abendstimmung

2018-07-14 – by Miriam Geiser

Himmel
in Rosa- und Orangetönen
fehlt nur noch
das Einhorn
das mit Regenbogenschweif
über die Wolken
hüpft

eine riesige, kupferfarbene
Sonne
versinkt gemächlich
hinter dem Horizont
nach einem langen Tag
erinnert sie uns daran
zur Ruhe
zu kommen

das frisch geschnittene
Stoppelfeld
verströmt
den einladenden Duft
von Getreide

wir legen uns
ins Stroh
das am Rand des Feldes
darauf wartet
zu Strohballen
gepresst zu werden

frische Weizenkörner
aus den liegengebliebenen Ähren
klaubend
sinnen wir
über unser Dasein nach
und freuen uns
des Lebens

leben
im Moment

die Gegenwart
geniessen

ganz da
sein

Aprikosen mit Nutella
schlemmen
dazu
heisse Schokolade oder Tee schlürfen
dabei
Gemeinschaft
geniessen

die leckere Lasagne
mit knuspriger Kruste
und delikatem Duft
haben wir zuvor
fast ganz
verschmaust
wenn auch
zu wenig gesalzen
schmeckte sie dennoch
vorzüglich

leben
im Moment

die Gegenwart
geniessen

ganz da
sein

Ein herrlicher Sommerabend mit Freunden.

Abendspaziergang

2017-06-25 23.08

Ich liebe es, abends draussen spazieren zu gehen. Es ist so
still. So kühl. So ruhig und - obwohl einsam - so angenehm
Geborgenheit schaffend.

Ich gucke in den Himmel. Die Sterne leuchten schön. So
unendlich weit weg und doch bekannt scheinen sie mir.

Eine Fledermaus fliegt vorbei. Ein Falter flattert vorüber. Es
ist alles so still, zur Ruhe gekommen.

Zeitlos ist der Abend. Nichts steht mehr an. Ich schlendre
durch die Strassen, über Felder und Wiesen. Die Natur ist so
wunderbar.
Das Universum so gross und ich so klein.
Doch ich fühl mich geborgen,
hier bin ich daheim.

Ich könnte stundenlang gehen, am Abend,
durch die Nacht, bis der Morgen erwacht.
Ich geniesse die Zeit. Bewusst nehm ich sie wahr.
Ich spüre und fühle,
die Umgebung,
das Umfeld.
Bewusst.
Mit allen Sinnen.

Was das Leben ausmacht. weitere Texte.

Ich höre, ich schaue.
Ich fühle die flaue
Abendluft.
Ich rieche den Duft
und atme tief ein.
So wunderbar
kann Leben sein.

Wenn ich so gehe, so komm ich zur Ruh.
Was heute geschah, ich erlebte,
was passierte;
es war gut so!

Ich geh durch den Abend. Ich lass die Gedanken.
Lass sie kommen und gehen.
Ich halte sie nicht fest,
erzwing sie auch nicht.
Ich atme aus und atme ein
die Abendluft mit ihrem Duft.

Es riecht einfach gut,
Und es macht mir Mut,
dass der morgige Tag,
was er auch bringen mag,
beginnen darf
und gut kommen wird.

Denn geborgen bin ich in dir Gott.
Du hast all das um mich geschaffen.

Du hast mich
erdacht,
gestaltet,
gemacht.

Du gabst mir die Zeit,
ich darf sie erleben.
Im heute und morgen,
durch deinen Segen.

Ich will sie erleben,
die Zeit die ich hab
bewusst,
und jeden einzelnen Tag
geniessen.

Ich geh durch den Abend, ein Abendspaziergang.
Ich geniesse die Ruhe. Und die frische Abendluft tut mir gut.

Die Gedanken,
sie kommen und gehen;
doch sie werden weniger.
Und irgendwann
sind sie weg,
geordnet,
abgelegt.

Ich werde still,
wie die Welt um mich herum.

Was das Leben ausmacht. weitere Texte.

Ich finde Ruhe,
werd ruhig für die Nacht.
Ich liebe den Abend,
doch irgendwann sage auch ich:
gute Nacht! (23:36)

Frühlingsabend

April 2018 – by Rahel Baufeld

Ich sitze auf dem Fenstersims
und meine Beine baumeln aus dem Fenster.

Ich lasse meinen Blick schweifen.
Eben haben die letzten Sonnenstrahlen
mich an der Nase gekitzelt.
Ein schöner Tag neigt sich seinem Ende.
In dem Baum vor meinem Fenster sitzen einige Vögel
und pfeifen die letzten Töne des Tages.
Ein vorbeifahrendes Auto schreckt sie auf.
Nervös flattern sie davon.

Ich lasse meinen Blick schweifen.
Langsam beginnt die Stadt zu leuchten.
Von hier oben habe ich einen tollen Ausblick.
Ich habe alles im Blick. Es war ein langer Tag und ich habe
viele Gründe dankbar zu sein. Heute bin ich es auch.
Trotz all dem Stress und der inneren Unruhe.

Ich lasse meinen Blick schweifen.
Inzwischen ist es dunkel geworden.
Es wird merklich kühler und ich merke
wie ich doch ein wenig zur Ruhe komme.
Ich atme tief die Abendluft ein. Das tut gut.

Ich lasse meinen Blick schweifen.
Ein letztes Mal für heute.
Zeit schlafen zu gehen.

Frühling

2018-05-08 11.18

Der Frühling ist angekommen.
Der Wind weht mir durch die Haare
und verkündet eine Leichtigkeit,
die sich auch in mir breit macht.

Die Sonne scheint
und ihre Strahlen
erwärmen den Tag
und mein Gemüt.

Ein frischer Duft
ist in der Luft,
nach Blumen,
Blütenstaub
und Pollen.

Was das Leben ausmacht. weitere Texte.

Heuschnupfen
bringt der Frühling auch,
doch das
nehme ich gerne in Kauf.

***

Ich schlendere durch die Straßen
und lächle.
Fröhlichkeit!

Ich fühle mich befreit
– zumindest ein wenig –
von Motivationslosheit
und Gleichgültigkeit.

Es ist einfach gut,
ich habe Lust,
draussen
auf einer Bank
in der Sonne
zu sitzen und
einfach zu sein!

***

Frühling.
Er bringt neues Leben.
In die Natur und in die Straßen.
Auf Spielplätze und Liegewiesen.

Frühling

In Strandbäder und an Flussufer.

Frühling. Er befreit.
Von Eis, Frost und Müdigkeit.
Von Winterdepression und Einsamkeit.

Die Vögel zwitschern,
die Bienen summen.
Enten schnattern,
Sommervögel flattern.

***

ich fühle mich
befreit und froh
Leichtigkeit ist da
einfach so

der Frühling ist hier
ich wache wieder auf

Die Wolken ziehen dahin

2018-09-26 12.00

Die Wolken fliegen dahin und
Tage ziehen vorüber.
Ich gehe über Felder und
sehe hoch zum Himmel,

die Wolken,
sie rasen über meinem Kopf
vorbei.

Dunkel und finster,
die Wasser dort oben,
der Wind doch
heftig und irgendwie
lauwarm frisch.

Die Bäume wiegen sich im Wind,
die Äste biegen sich in alle Richtungen,
wohin sie auch gedrückt werden.

***

Die Zeit der Bestimmung.
Unendlich viel Zeit.

Zeit,
zur Neuausrichtung und
zur Besinnung.
Zeit,
zum Denken und Leben,
zu tun was auch immer ansteht.

Zeit
um sie zu verschwenden,
doch lieber zu nutzen und
zu leben und

zu sein und
zu tun,
was einen Unterschied macht.

In dieser Zeit
und auch in allen anderen,
brauche ich
viele Menschen um mich herum,
Freunde und
viel Schlaf
in der Nacht
und später in den Morgen hinein.
Und vielleicht Kaffee und
viel Tee und
gutes Essen und
etwas, das mir Sinn für den Tag gibt.

***

Die Wolken, sie ziehen dahin
und Tage fliegen vorüber.
Ich sitze da und stehe,
ich spaziere oder gehe
und die Tage gehen auch vorbei.

Ich befinde mich in der Unbestimmtheit,
wie der Baum der sich bewegt im Wind
und die Äste die sich biegen in alle Richtungen,
in die sie gedrückt werden.

Was das Leben ausmacht. weitere Texte.

Und wohin es auch geht,
ich bin noch da
und ich warte.
Ich schaue in den Himmel hinauf,
voller Erwartung,
was DU
für mich bereit hast.

Ein Mittelpunkt im Leben

2017-11-16 18.33

Ein Mittelpunkt im Leben ist das Essen.
Wir essen dreimal am Tag. Mindestens.
Frühstück, Mittagessen, Abendessen.
Vielfach sind dazwischen noch Zwischen-Mahlzeiten.
Schweizerisch: Zmorge, Znüni, Zmittag, Zvieri, Znacht.
Nicht zu vergessen den Mitternachtsschmaus.

Ein Mittelpunkt im Leben ist das Essen.
Ich habe gekocht,
mit Leidenschaft,
und freu mich auf das Mahl,
leidenschaftlich!
Kochen ist eine Leidenschaft,
nicht nur Zeitvertreib.
Kochen ist mehr als notwendiges Übel,
denn vollwertig ist die Tätigkeit des Kochens.

Ein Mittelpunkt im Leben ist das Kochen.

***

Ein Mittelpunkt im Leben ist das Schlafen.
Wir schlafen nachts. Meistens.
Abends, wenn es dunkel ist,
gehe ich zu Bett.
Morgens, wenn es (bald) hell wird,
wach ich auf - oder werde geweckt – und
steh auf - oder werde aus dem Bett gezerrt.

Wir schlafen in der Nacht
und am Tag sind wir wach.
Manchen mag die Kunst des
Mittagsnickerchens nur bekannt sein,
andere praktizieren diese leidenschaftlich.

Ich gehe zu Bett,
wenn ich müde bin und
wache auf,
wenn ich ausgeschlafen habe.
Schlafen kann eine Leidenschaft sein,
manchmal schafft man es aber nicht ohne Leiden.

Wenn die Zeit des Krafttankens kräftezehrend wird,
wenn die Zeit der Ruhe uns die Ruhe nimmt,
dann werden Nächte zur Tortur.

Wohl oder übel: Ein Mittelpunkt im Leben ist das Schlafen.

Was das Leben ausmacht. weitere Texte.

Ich habe den Tag lang vieles erledigt,
vieles gemacht,
manchmal mit Leidenschaft,
jetzt bin ich müde und
freue mich auf den Schlaf in der Nacht,
manchmal leidenschaftlich.

Schlafen ist mehr als notwendiges Übel,
schlafen kann schön sein,
Schlaf macht schön,
Schönheitsschlaf.

Schlafen alleine
oder schlafen zu zweit?
Miteinander schlafen ist auch
ein schöner Zeitvertreib.

Beim Schlafen
tanke ich Kraft für den Tag,
um weiter zu leben.

Ein Mittelpunkt im Leben ist das Leben.

***

Ein Mittelpunkt im Leben ist die Musik.
Wir machen Musik oder hören sie.
Klassisches Orchester, moderner Dubstep,
Dance oder universaler Pop.
Musizieren oder Musikhören.

Musik leben, mit Musik leben.
Mein Leben ist Musik.

Wenn ich aufstehen soll,
spielt mein iPhone meinen Weck-Song ab.
Wenn ich Pinkeln gehe
pfeife ich meist dazu,
es hallt und klingt so schön in den Sanitäranlagen,
Wände und Boden verfliest.
Beim Duschen hör ich ab und zu Musik,
singe dabei.

Steigt die Stimmung in den Keller hinab
oder kommt gar nicht auf die Höhe,
flüchte ich mich ans Klavier,
es ist einfach gut beim Musizieren.
Mit einer Gitarre im Schoss
fühle ich mich geborgen.

Ich lebe Musik.
Um Musik machen zu können,
die Musik zu spüren und
nicht nur Instrumente zu spielen,
sondern Musik zu machen,
muss ich leben,
wirklich leben.
Und um zu leben,
muss ich Musik machen,
wirklich Musik machen.

Was das Leben ausmacht. weitere Texte.

Ein Mittelpunkt im Leben ist die Musik,
weil ein Mittelpunkt im Leben das Leben ist.

***

Ein Mittelpunkt im Leben ist das Leben.
So viele Mittelpunkte, gibt es denn das?
Ist der Mittelpunkt nicht einzigartig und einer?

„Eine Fläche zweiter Ordnung kann
keinen,
genau einen oder
eine ganze Gerade oder
Ebene von
Mittelpunkten haben.“   *(Wikipedia: Mittelpunkt)*

Aber wie ist es mit dem Leben?
Kann ich mehrere Mittelpunkte haben?

***

Ich habe einen Mittelpunkt,
einen grossen und
alles andere Bestimmenden.
Und doch gleichzeitig viele
verschiedene kleine,
momentane
Mittelpunkte.

Im Zentrum steht grad
das Schreiben dieses Textes.
Danach das Aussteigen
aus dem zum Stillstand gekommenen Zuges.

Im Zentrum aber
aller meiner Mittelpunkte
im Leben
ist das,
was mich unbedingt angeht,
das,
was mich letztendlich und
letztgültig
beschäftigt und
immer bleibt, auch
wenn alle anderen
„Mittelpunkte" wegfallen,
einmal
nicht mehr sind.

Im Zentrum meines Lebens steht
„Ein Mittelpunkt".

> *Von ihm komme ich,*
> *durch ihn lebe ich und*
> *zu ihm hin gehe ich.*

Leben mit Gott. Gedanken und Erleben.

Bei mir angekommen

2017-12-28 08.03 – Bei mir angekommen #01

Ich bin angekommen. Bin hier angekommen in Moscia.
Ich bin angekommen, zumindest körperlich, mein Körper
ist jetzt da. In den Zug bin ich eingestiegen. Und wieder
ausgestiegen. Freunde sind dazugekommen, ich habe sie
willkommen-geheissen. Wir freuten uns über ein
Wiedersehen. Ach, es ist so viel geschehen in diesem Jahr.
Eben dachte ich noch, ich sei doch erst gerade
heimgefahren vom Lager. Und jetzt bin ich wieder da.

Ich bin angekommen. Bin hier angekommen im Tessin.
Ich bin angekommen, zumindest örtlich, bin jetzt an dem
Ort und habe mich hier niedergelassen. Ich habe alles
losgelassen, was war und was ist und was mich plagt, ich
vermiss. Zumindest habe ich es versucht, alles zurück zu
lassen und frei und gelassen in dieses Camp zu gehen und
zu starten.
Doch bin ich angekommen? Bin ich bei mir?
Bin ich jetzt da?

Ich bin angekommen. Örtlich und körperlich bin ich nun hier angekommen.

Geistig, gedanklich, emotional ist so viel da, habe ich trotzdem viel mitgenommen. Ich bin jetzt da mit meinen Sachen, meinem Koffer und Glasflaschen. Mit meinen Gedanken, Emotionen, doch es hat mich auch mitgenommen, so viel mit mir rumzutragen. Ich bin erschöpft und konfus, dieses Jahr war so viel los. Ich will es verarbeiten, muss es. Und wieder stellt sich die Frage: Bin ich bei mir angekommen?

Bin ich jetzt da, oder mein ich das nur?
Bin ich bei mir, bei den Leuten oder stehe ich im Flur, zwischen Tür und Angel? Zwischen vorher und nachher, zwischen Gestern und Morgen? Bin ich bei mir, fühle ich mich geborgen!?
Das Vergangene hab ich erlebt.
Es ist vergangen, habe ich es verarbeitet, abgelegt?

Ich halte jetzt Rückschau. Und vielleicht werde ich wieder schlau, über mich, über dich. Über Zusammenhänge und Entscheidungen. Ich bin da, wo ich sein will, denn es ist gut bei Freunden.

Ich bin angekommen. Bin hier angekommen mit Ach und Krach. Ich bin jetzt hier, ich habs geschafft. So viele Gedanken, so viel geschehen. Habe ich bewusst die Entscheidungen gefällt oder mich treiben lassen wie es mir gefällt? Oder wurden die Entscheidungen für mich getroffen, wurde ich getrieben und bin da, wo ich eigentlich nicht sein will? Bin ich bei mir mit Gedanken und Gefühlen, mit Emotionen und im Verstand? Ich hab jetzt Zeit um darüber nachzudenken und steck den Kopf nicht in den Sand!

Ich bin angekommen. Bin hier angekommen im Süden der Schweiz. Ich bin hier angekommen, bin jetzt angekommen, körperlich, örtlich, geistig. Ich bin da mit meinem ganzen Sein. Mit voller Entscheidung und vollem Willen. Ich will mich hineingeben und lebe bewusst. Im Hier und im Jetzt. Und fasse hier Fuss.

Angst

2019-05-23 09.08 – von Grundangst – anhand des Erlebens von „Predigtschreiben"

Und wieder ist da die Angst des Predigtschreibens. Es ist die Angst davor, nicht fertig zu werden oder dass ich keine wichtige Botschaft zustande kriege. Es ist die Angst, nicht zu genügen!

Es ist die Urangst des (modernen) Menschen – nichts und niemand zu sein. Diese Angst ist grundlegend und und weist auf ein Grundbedürfnis hin – es ist Angst, im Grundlegenden zu kurz zu kommen. Schlimm ist die Angst für uns, weil sie Existenziell ist – die Angst, in der

Beziehung zu anderen niemand zu sein, ein Niemand und ohne Namen, ja, nicht in Beziehung zu sein, nicht in Beziehung sein zu können.

Beziehung. Relation. In Verbindung sein, nicht lose und zugehörigkeitslos irgendwo herum schweben, ohne Ursprung und ohne Destination. Die grossen Fragen drehen sich um diese Grundangst. Sie prägt sich aus in folgenden Fragen: *Wer bin ich - wenn ich nicht in und durch Beziehung zu anderen mich definieren kann? Woher komme ich - wenn ich keine Verbindung zu nichts habe, habe ich keinen Ursprung. Wohin gehe ich - worauf will ich mich beziehen, wo mich anbinden und in wessen Nähe oder nahe was will ich kommen?*

Ich als Individuum und als Bestandteil eines grösseren, dessen, was und wer mich umgibt, stehe in Wechselwirkung zum Umfeld und mit mir selber. Da ist eine Verbindung zu dem mich Umgebenden, ich stehe im Verhältnis zu anderem und anderen und lebe in Verhältnissen. Das Leben besteht aus ständiger Wechselwirkung und Interaktion – deshalb ist die Grundangst vor Beziehungsverlust oder nicht-in-Beziehung-sein so existenziell!

***

Wo finde ich Zuflucht im Moment der Angst? Wie finde ich den Weg aus dem Düstern und lasse die Angst mich nicht beeinflussen?

Lähmende Angst ist Kapitulation und Überforderung zugleich. Ich wurde übermannt oder habe mich ausgeliefert – ich habe mich verkrampft und hineingesteigert – jetzt sitze ich da und bin gefangen.

Wenn die Angst vor und beim Predigtschreiben kommt, ist dies grundlegend menschlich. Ich versuche aus eigener Kraft von Gott etwas weiterzugeben und somit selber „Gottes Wort" zu kreieren – auf ne Art, irgendwie. Ich ertappe mich dabei, selber gross sein zu wollen und strenge mich an, was in Anstrengung und Verspannung übergeht und im Gefangen sein, in vor Angst erstarrter Verkrampftheit endet. Die Angst ist eigentlich nicht die Angst vor dem Predigtschreiben, sondern die Angst, in einer Sackgasse zu landen, in der ausweglosen Situation der Verlorenheit – in die mich die Angst selbsterfüllend hineintreibt.

Die Angst zu bekämpfen ist sinnlos. Angst nährt sich im Kampf, denn Kampf gründet auf Angst, die sich selber ernährt. Wer furchtlos ist, muss nicht „kämpfen", denn er hat schon gewonnen bevor er in den Krieg zieht. Furchtlosigkeit zieht Niederlage nicht in Erwägung, denn da ist keine Angst – keine Angst vor Niederlage, keine Angst zu Versagen.

Unerschrockenheit, ich lasse mich nicht erschrecken vor

der Furcht vor der Angst. Ich bin entspannt und gelassen, denn ich weiss es wird gut kommen – und es hängt nicht (primär) von mir ab, ob die Predigt gelingt oder die Schlacht gewonnen wird.

Entspanne ich mich, statt zu verkrampfen, ist die Angst geschlagen, denn in der Ruhe hat Angst keinen Platz. Vor der Gelassenheit weicht Furcht, wie Dunkelheit vor dem Licht.

***

Evangelium, ich darf bei Gott Ruhe finden. Angekommen in seiner Gegenwart werde ich gelassen, denn da ist Befreitheit, das ist Erlösung! Entspannt sein in Gott. Entspannt sein in Gott, der durch mich die Predigt schreibt und ich im Suchen nach IHM mit ihm Worte formuliere und bei ihm Wort finde. Angenommen bei ihm, der mich Sprachlos versteht und auch ohne Worte erkennt.

Ursprung und Ziel.
Von ihm komme ich und zu ihm möchte ich heim.
Beziehung.
Er definiert mich, bei ihm darf ich sein!

Leben mit Gott. Gedanken und Erleben.

Ein Entwurf

– by Janina Schmückle

Ich werfe entgegen meiner eigenen vorstellungen mein leben in eine richtung und stehe dann abwartend da, wie es wohl zurückkommt.

Ich werfe entsetzlich vieles von der fracht über bord, die in sicherheit zu bringen, mein ganzes ziel war.

Ich werfe entgeistert ein bündel voll fragen in den himmel und erhoffe mir begeisterung als antwort.

Ich werfe entsagend noch mehr fracht über bord und merke erst beim nächsten sturm, dass mir nun auch die worte fehlen.

Ich entwerfe täglich mein leben und mich und will doch ein bild im rahmen.

Ich entwerfe ein leben, in dem ich sage: das waren die zeiten der einsamkeit.

Ich entwerfe ein leben, in dem ich mich selbst vergesse und reflexionen sich nicht nur an mir selber brechen.

Ich entwerfe ein leben, bei dem ankommen und gegenwart dasselbe sind.

Ich entwerfe ein leben, in dem ich nicht in mir ruhe,
sondern in dir.

Ich entwerfe ein leben, in dem ich den entwurf verwerfe.
Denn alles, was ich über deinen entwurf von mir zu wissen
brauch, ist: du verwirfst mich nicht.

Bei dir angekommen

2017-12-28 11.03 – Bei mir angekommen #02

Bei mir angekommen.
Bei dir angekommen.

Jesus fragt nicht: „Wie steht es mit deiner Heiligung?"
Er fragt auch nicht nach deinen Werken.
Seine Frage lautet: **„Liebst du mich?"**

Bei ihm geht es nicht um das,
was ich alles kann oder sein sollte,
sondern darum, wer ich bin und was ich will:
„Hast du mich lieb?"

Bei mir angekommen.
Bei dir angekommen.

Ich muss nicht mehr. Ich soll nicht mehr.
Da ist kein Zwang und keine Notwendigkeit.
Einfach Sein darf ich, muss aber nicht.

Leben mit Gott. Gedanken und Erleben.

Ich darf, darf einfach sein,
mich loslassen, mich fallen lassen.
Wenn ich bei dir bin, darf ich sein.
Bei dir ankommen und mich sein,
bei mir angekommen.

Bei dir angekommen.
Bei mir ankommend.

Wenn ich mich zu dir hin bewege,
dann bin ich bei dir angekommen.
Und wenn ich bei dir angekommen bin,
dann werde ich langsam bei mir ankommen.

(2017-12-29 09.18)
Du heisst mich willkommen.
Ich darf einfach kommen.
Du willst, dass ich komme,
ich will kommen,
denn ich darf sein:
Willkommen!
Von Herzen nahe sein bei dir.
An deinem Herzen nahe sein,
ich dir und du mir.

Bei dir angenommen.
Bei mir angekommen.

Es ist etwas vom Schwersten,
andere bedingungslos anzunehmen.
Noch schwerer jedoch ist es,
sich selber zu akzeptieren,
sich selber anzunehmen,
bedingungslos.
Mich selber zu lieben,
nicht nur meinen Nächsten,
gehört auch dazu!
Liebe deinen Nächsten,
wie dich selbst!

Du nimmst mich bedingungslos an.
Du sagst: **„Ich liebe dich!"**
Ich darf sein,
einfach so,
wie ich bin,
mit allem,
was ich nicht bin
und nicht sein kann.
Du nimmst mich an!

Bei dir angenommen.
Bei mir angenommen.

Bedingungslose Annahme.
Bedingungslose Liebe.
Du nimmst mich an.
Bedingungslos!

Leben mit Gott. Gedanken und Erleben.

Ich nehme das an,
dein bedingungsloses Ja zu mir
und lerne dabei,
mich selber anzunehmen,
bedingungslos.
So, wie ich bin,
darf ich sein,
denn du hast mich erdacht,
ich bin dein Werk,
deine Idee.
Und ich darf immer mehr so werden,
wie ich bin,
wie du mich siehst,
und ich seh mir immer ähnlicher.

Ich bin auf dem Weg zu mir,
komme immer näher zu dir
und dabei auch zu mir.
Und irgendwann
nehm auch ich mich an,
so wie ich bin
das gibt mir Sinn.
Ich nehme mich an, wie ich bin
und wie ich noch nicht bin
und wie ich mal sein werde.
Denn dann nehme ich auch andere an,
wie sie sind,
bei mir angenommen.

Bei dir angekommen

Bei dir angekommen.
Bei dir angenommen.
Mich angenommen.
Bei mir angekommen.
Bei mir angenommen.
Ich bin
und du bist
willkommen.

So bist du

2018-11-30 10.58

Deine Liebe ist nicht greifbar.
Du bist einfach unbeschreibbar.
Wie du gibst und wie dein Wesen ist
ist anders als ich denken kann
und mehr als ich ertragen kann
weil du doch so viel grösser bist.

Du lässt es regnen
lässt es schnein
und gibst auch wieder Sonnenschein.
Du hast im Griff was morgen kommt
hast nicht den Zeitpunkt je versäumt
wie auch mein Leben weitergeht
wie es auch mit der Zukunft steht
du bist da und

du wirst sein
bei dir bin ich
alle Zeit
daheim.

Atmenerlaubende Schönheit

2017-12-03 10.33

Kontrast zu: Atemberaubende Schönheit.

Eine Schönheit,
die Gott schenkt und in der ich atmen kann:

Atmenerlaubende Schönheit.

Gott schenkt Freiheit,
in der ich (wieder) atmen kann.

Atmen-erlaubende Freiheit.

Da, wo Gott die Schönheit schafft und
ich sie sehen kann,
wo ich nicht mehr
geblendet bin von dem Elend,
da ist
atmenerlaubende Schönheit.

Da, wo ich sehe,
dass es neben Einschränkungen

bei mir doch noch
viel Freiheit gibt,
kann ich
wieder auf-atmen,
kann ich
wieder Atem holen,
ist Atmen erlaubt.

Atmenerlaubende Schönheit,
da ist es mir wohl,
da ist Freiheit!

Ich habe mich durch deine Augen gesehen

2017-12-29 09.18 – Bei mir angekommen #05

„Through your eyes"

Manchmal schaue ich in die Welt und sehe Elend und Not. Die Menschen Leiden, haben kein Zuhause, haben kein Brot.

Und manchmal schaue ich auf mich selber und sehe mich elend und klein. Ich kann so vieles, doch kann ich auch manches nicht. Manchmal fehlt mir die Kraft, die Energie, denn hier ist sie nicht.

Was verberge ich von mir (und vor mir?), wo schaue ich nicht hin? Was verberge ich vor anderen, lass sie nicht

Leben mit Gott. Gedanken und Erleben.

reinschauen, lass sie im Dunkeln wandern?

Du siehs mich, Gott, wie ich bin, mit allem, was ich bin und nicht bin. Und dennoch nimmst du mich an. Du siehs auch das Potential, das in mir steckt und ich noch nicht glauben kann. Du kennst mich und bist für mich. Du stellst mich wieder auf die Beine und nimmst mich unbedingt an, bedingungslose Annahme.

***

Und was sehe ich, wenn ich auf die Welt schaue, das Leid sehe und nicht weiss, was da noch zu tun oder zu lassen ist? Sehe ich die Übeltäter und diejenigen, die alles zum Schlechten wenden? Sehe ich Tyrannen und schreckliche Politiker, welche egoistisch und profitorientiert handeln? Oder sehe ich in ihnen die zerbrochenen Menschen, die sie tief im Inneren sind? Sehe ich den kleinen Jungen, der nie von seinem Vater geliebt wurde, die misshandelte Tochter oder den verbitterten Opa, der mit sich und der Welt nicht klar kommt und deshalb mit sich und der Welt nicht im Reinen ist? Bin ich darüber zerbrochen, was alles schief läuft? Bin ich zerbrochen über die zerbrochene Welt, so wie Gott zerbrochen ist über all das Leid?

Ins Leben geliebt

2018-06-29 – by Petra Geiser

Aus der Gefangenschaft, versklavt durch die Erwartungen anderer, durch die Ansprüche der Welt und ebenso durch meine eigenen an mich selbst.

Aus der Dunkelheit meiner Gedanken und Gefühle, den tiefsten Abgründen meiner Seele, aus meinen dunkelsten Stunden.

Aus meinen Wunden heraus, ja, dort, wo ich zutiefst verletzt wurde und es gar nicht mehr heilen will.

Aus der Zerrissenheit, Zerstörung, wo sich all meine Träume in Luft aufgelöst haben, mein Leben ein einziger Scherbenhaufen geworden ist.

Aus alledem heraus strecke ich meine Hände zum Kreuz. Dorthin, wo du gefangen genommen, abgeführt und zum Tode verurteilt wurdest.

Dorthin, wo du alleine in der Dunkelheit warst, im Stich gelassen von deinen engsten Vertrauten, ja, verlassen sogar von Gott in deiner Todesstunde.

Dorthin, wo du verletzt und verwundet wurdest, dorthin, wo du dein Blut für mich vergossen hast, mitten in meine Wunden hinein, damit ich heil werden darf.

Dorthin, wo du an Zerrissenheit littest, wo dein Leben zusammengebrochen ist, damit wo meines zusammenbricht, nicht das Ende ist.

Ich danke dir, Jesus, dass du damals alles für mich aufgegeben hast, dass du durch deinen Tod am Kreuz, durch deinen Leib, den du für uns gegeben und dein Blut, das du für uns vergossen hast, eine Verbindung zwischen Himmel und Erde geschaffen hast.

Ich danke dir, dass du mich aus der Gefangenschaft in die Freiheit und aus der Dunkelheit ins Licht geliebt hast.

Danke, dass du alle meine unheilbaren Verletzungen und meine tiefsten Wunden geheilt hast.

Danke, dass du die Fetzen meines Lebens und meinen Scherbenhaufen wieder zusammengeflickt hast, dass du mich wieder ganz gemacht hast und mich immer wieder von neuem ins Leben liebst.

Ja haben wir geschrien

2018-06-01 10.03

Ja haben wir gerufen
Ja gesagt zu dir
und deinem Wort
Glauben geschenkt

Ja, ich glaube
ich glaube, dass du Gott bist
und manchmal auch
Ja, ich glaube
ich will glauben
hilf meinem Unglauben

Ja haben wir geschrien
Ja, Jesus, ich glaube
auch wenn ich selber
gerade nicht
glauben kann
so hoffe ich trotzdem
auf dich
und schreie zu dir
Ja!
Hilf mir!

Dein JA
soll in meinem Leben

Gestalt annehmen
in guten und
in schlechten
Zeiten
immerfort
ist dein JA da

Auch in den Wüstenzeiten
wenn die Antriebslosigkeit
um sich greift
und wir nicht mehr
begreifen
weshalb kein Regen fällt
weshalb die Sonne nicht aufgeht
und die Nacht endlos
anzuhalten scheint

Auch in der Steinwüste
der Einsamkeit soll
JA und
nicht Nein
über allem stehen
über allem Sein
und mich durchtragen
DU mich hindurchführen
und ich werde sehen
wir sind nicht allein

Ja habe ich gerufen

Ja haben wir geschrien   63

ich vertraue dir
Ja haben wir geschrien
wir trauen dir
so wie Abraham
hinaufblickend zu den Sternen
die er nicht zählen konnte
und doch glaubte
wenn wir nicht sehen können
und doch sagen wir Ja
ich vertraue dir noch

Ja
haben wir geschrien
ich glaube
und manchmal auch
hilf
meinem Unglauben

Be-geisterung

2018-01-25 08.42

Begeisterung ist das,
was mich am leben hält.
Begeisterung ist das,
was mein Leben ausmacht.
Ich kann nur leben,
so lange ich begeistert bin.

***

geistlos
bin ich hohl
geistlos
bin ich leer
und nur noch
Hülle
toter Geist
"toter" Körper?
kein Leben
darin
ausgehöhlt

***

Der Mensch ist
ein geistbegabtes Wesen.

Wir bestehen aus
Körper und Geist.
Und vielleicht auch
aus anderem.

Näfäsch,
Hebräisch für
Seele, Atem, Geist, ... ,
bezeichnet
eine Ganzheitlichkeit
des Lebenden.

Hier ist
keine Trennung
zwischen
Körper und Geist,
sondern
Einheit.

Ohne Geist,
ohne Näfäsch,
ohne Lebensatem
– ohne begeistert zu sein –
bin ich gar
nicht.

***

Leben mit Gott. Gedanken und Erleben.

Begeisterung
für Gott

Begeisterung
für die Beziehung
zu ihm

***

Begeisterung weitergeben,
indem ich selber begeistert bin, schwabbt was rüber,
ohne, dass ich was rüberbringen will.

Einfach
meine Begeisterung
leben!

***

Da weht ein wunderbarer Geist.
Da hat mich was ergriffen.
Da hat mich was begeistert.

Er hat mich begeistert,
er hat mich ergriffen!

Da hat mich was gepackt und mich erfüllt!

<u>mit dem Leben kämpfen.</u>

<u>weitere Texte.</u>

Und da begann ich wieder zu Kochen – wie es mir geht

2017-11-12 14.18

Wie es mir geht?
Auf und ab.
Mal bin ich munter und mal wieder schlapp.
Ich habe viel Energie, bin motiviert,
dann wieder lustlos und depressiv tendiert.
Ich kämpfe mit Kopfschmerzen und Überlastung,
mit ToDo-Zetteln und Alleinesein, Bedrückung.

Manchmal stehe ich morgens auf,
mach Rückenübungen, dreh die Dusche auf,
trockne mich ab, mach den Kühlschrank auf,
setz mich an den Frühstückstisch,
reiss den Joghurt-Deckel auf,
nehm den Löffel zur Hand
und mein Mund geht auf.

Alleine wohnen ist herausfordernd.
Ausziehen von Zuhause, das neue Zuhause einrichten.

Abschied nehmen von Freunden, neue Freunde finden.
Einen Tagesrhythmus finden, wo es noch keinen gibt,
weil Arbeitszeiten manchmal variabel sind,
es bei mir wenig vorgegebene Struktur des Tages gibt.

Es wird langsam. Einrichten wird bald vollendet, doch ich
bin noch dran. Tagesrhythmus wurde gefunden, doch er
bleibt flexibel anpassbar, wunderbar!

Ich hab viel Freiheit, das ist schön,
doch herausfordernd damit umzugehn.
Ich hab viel Zeit zum einteilen,
und einige ToDos, kann nicht immer lang im Bett verweilen.
Ich lerne mit der Zeit umzugehen,
meine Bedürfnisse besser wahrzunehmen,
immer besser zu mir zu sehen.

Und plötzlich hab ich wieder Lust,
Lust auf vieles, Motivation und viel weniger Frust.
Ich beginne wieder zu kochen,
das ist ein gutes Zeichen, so will ich hoffen.
Ich hatte schon Angst, ich hab das verloren,
früher habe ich aus Kochideen die beste auserkoren
und gekocht, den Tisch gedeckt,
mit gutem Essen, das gut schmeckt.

Wenn es viel zu tun gibt, mir alles über den Kopf zu
wachsen scheint und die Zeit ganz knapp wird. Dann ist es
wichtig, zu mir zu schauen. Dann ist es wichtig, mir Zeit zu

nehmen für das, was mir gut tut. Und siehe da: Wenn ich mir Zeit zum Kochen nehme, reicht die "übrigbleibende" Zeit zu viel mehr!

In einer herausfordernden Zeit fragte ich mich, wie ich damit umgehe.

Und da begann ich wieder zu kochen!

"En Guete!" ;-)

An einem düsteren Tag nach draussen blicken

2018-10-16 11.18

An einem düsteren Tag
nach draussen blicken und
einen Moment inne halten
kann alles verändern.

Kurz den Fokus ändern,
neu ausrichten und
wieder fokussieren,
kurz in die Ferne blicken und
dann wieder
den nahen Dingen
Beachtung schenken.

Die Erde sieht klein aus,
ist man erst im Weltall
– wie gross muss dann eine Ameise sein,
wäre ich ein Staubkorn?

Die Sicht verändert sich
mit dem Fokus und
dem Standort
des Betrachters.

Ein bewölkter Tag
ist trist,
verglichen mit
strahlendem Sonnenschein.
Ein bewölkter Tag dagegen
ist hoffnungsvoll,
wenn die Kleider
nach einer Regenschauer
triefen.

An einem düsteren Tag
nach draussen zu blicken,
lässt mich vielleicht
eine Kerze anzünden und
mich an ihrem warmen Schein
erfreuen,
den Raum
erhellen.

In die Ferne zu blicken
lässt mich
für einen Moment
aufatmen und merken,
ich bin
nicht so eingeengt
wie es sich anfühlte,
da ist Raum
und Freiheit.

Nach draussen zu blicken,
einen Moment
einfach zu sein,
lässt
den düsteren Tag
gleich heller
werden.

Neuausrichtung

2018-11-21 12.22

Immer wieder
ist es wichtig
den Kurs zu korrigieren
und wieder neu
auf das Ziel
zuzufahren

Täglich ist es nötig
aufzustehen
um wieder loszugehen
weiterzukommen
um Leben zu sehen

Heimweh

2018-11-07 15.36 – ein Gefühl vom 05.11.2018

Plötzlich ist es da
eine Traurigkeit
ein Gefühl
der Melancholie
und zugleich der
Geborgenheit

Sie hebt mich
in die Lüfte
und der Boden
unter meinen Füssen
ist auf ein mal
nicht mehr da

Wie in Wolken
schwebe ich dahin
sorgsam umgeben
in einer Decke geborgen

mit dem Leben kämpfen. weitere Texte.

und doch diffus umnebelt
irgendwo im nirgendwo

Ich möchte nur geborgen sein
daheim
in den Armen von jemandem
der mir zu verstehen gibt
lass los
komm an
du darfst einfach
sein

Halte mich fest

2012-11-20 – by Miriam Geiser

Gott, halte mich fest
wenn der Schmerz
wieder auf mein Herz einsticht
und die Welle der Verzweiflung
mit voller Wucht auf mich trifft.

Gott, halte mich fest
wenn die Sehnsucht
mein Innerstes zerreisst
und die Bitterkeit
meine Seele vereist.

Gott, halte mich fest

wenn der Schrei
durch meine Kehle dringt
und die unfassbare Verlorenheit
mich in die Knie zwingt.

Wenn das bodenlose Unrecht
meine Tränen explodieren lässt
Gott, bitte halte mich dann fest.

Manchmal habe ich keine Lust

2018-12-02 & 2018-12-04 09.02

Manchmal
habe ich keine Lust.
Einfach so.
Und mir fehlt die Energie
um irgendetwas zu tun.

Ich stehe dann gar nicht auf
und weiss auch nicht
weshalb ich das sollte.
Keine Gedanken,
keine Ideen und
keine Motivation.

Und wenn
mein knurrender Magen
mich dann doch

mit dem Leben kämpfen. weitere Texte.

an den Frühstückstisch ruft
habe ich zumindest einen
Beweggrund, mich heute
doch noch zu bewegen.

Ich starte
mit Cornflakes in den Tag
und ich warte
bis der Kaffee ins Blut gelangt.
Und dann
kommen die Gedanken und Ideen
und vielleicht auch
die Motivation.

***

Und ich lebe dann in den Tag hinein.
Doch es liegt wohl am Charakter
dieses Morgens und
auch des Mittags und
auch noch danach,
dass ich keine Lust habe.

Und alles ist so schwer und
mein Körper funktioniert nicht mehr.
Mir ist kalt, dann wieder heiss
und alles ist blöd und langweilig.

Doch nicht heute,

Manchmal habe ich keine Lust

sag ich mir dann.
Und vielleicht gelingt der Brake
Und beim Tun gelingt es nun...
vielleicht kommt die Motivation
morgen wieder.

I'm not supposed to be alone - wenn sie weit weg ist

2018-01-08 14.04 - Fragmente meiner Gedanken und Gefühle

I'm just so alone.

I'm not supposed to be alone.
I don't want to be a man for my own.

I'm supposed to be my wifes man.
I'm supposed to be a lifelong fan,
for the one and only at my side.

I want to be the husband
of the woman
who gives birth to my child.
I want to be the father
of my sons and my daughters,
a loving anchor
in the storm of their lives.

***

Ich bin allein,
denn sie ist weit weg.
Sie ist meilenweit fort
und ich bin hier und warte.
Ich sehne den Tag herbei,
an dem sie wiederkommt,
an dem sie wieder hier sein wird.

Die Sonne scheint draußen,
doch ich weiss,
dass was fehlt.

Das Wetter ist wunderschön,
ich habe frei,
doch keinen Appetit.

Ich vermisse sie
und wäre jetzt gern bei ihr,
hätte sie gern bei mir.

Das Destruktivste

2017-11-18 21.00 - über das „Nein" und das „Etwas"

Sie sitzt im nächsten Abteil. „Nein", hört man sie sagen. Alle
paar Sekunden. Sie ist eingestiegen bei der letzten
Haltestelle. Mit ihrem Mann. „Nein", hört man sie sagen.
Immer wieder „Nein". „Nein". „Nein". „Nein". Sie schaut
umher, aus dem Fenster und wieder im Wagen herum. Ihr

Mann sitzt neben ihr, ich seh nur seine Haare.

Wir sitzen im Zug. Wir sitzen zu viert im Abteil eins weiter.
Wir spielen Tichu. „Nein", hört man sie sagen. Auf einem
Familienausflug, auf dem Weg aus dem Tessin in Richtung
Flawil sind wir unterwegs. „Nein". Ich nehme auf, will
meine Karten sortieren. „Nein". Ich sortiere und muss mich
konzentrieren. „Nein". Es lenkt mich unglaublich ab.
„Nein". „Nein". Ich schau ab und zu zu ihr rüber, durch die
Lücke zwischen den Kopfkissen der Sitze meiner
Mitreisenden kann ich ihr direkt ins Gesicht sehen. „Nein".
– Ist es ein Tick, eine seltsame Angewohnheit, eine Macke?

Sie sagt es unbewusst, alle paar Sekunden. In einem
sonderbaren Tonfall: „Nein". So ganz nebenbei. Schaut aus
dem Fenster, dann wieder im Wagen umher. „Nein". „Nein".
Eine kurze Pause. „Nein". Sie schaut zu mir herüber, mir in
die Augen. Wir sehen uns in die Augen. Sie sieht wieder
weg. Ich spiele weiter. „Nein". Tichu spielen wir, legen
Karten ab. „Nein". „Nein". Ich seh zu ihr herüber, sie blickt
vom Fenster rüber zu mir, unsere Blicke treffen sich. Das
Spiel geht weiter. Ich lege Karten ab. „Nein". „Nein".
„Nein". Ich nehme neue Karten auf. „Nein". „Nein". Ich
muss mich konzentrieren beim Sortieren meiner Hand.
„Nein". Meine Mitspieler erinnern mich daran, dass ich am
Zug bin. „Nein". Ich Antworte ihnen. „Ja". „Nein". Ich sage
nochmals „Ja", ich weiss, wart kurz. „Nein". Ich beginne
laut zu überlegen. „Ja", diese Karten könnte ich legen.

mit dem Leben kämpfen. weitere Texte.

„Nein". „Ja", ich leg ja gleich. „Nein". „Ja". „Nein". „Ja".
„Nein". „Ja". Ich lege. – Oder ist es aus einem Trauma
entstanden, plagt sie etwas, Gedanken, die sie bedrohen, die
sie abblocken, abwehren muss?

Sie schaut zu mir herüber, unsere Blicke treffen sich. Will
sie etwas von mir oder schaut sie einfach nur wahllos
herum?

Sie redet mit ihrem Mann: „Schau mal da, die Schafe!" –
anderer Tonfall, plötzlich ganz natürlich. Ihr Mann
antwortet und sagt: „Ja, so schön." Sie lösen sich vom
Fenster. „Nein". „Nein". „Nein". Ich bin erneut abgelenkt.
Ich seh zu ihr rüber, sie schaut nicht zu mir. Ich seh erneut
zu ihr rüber, da, unsere Blicke treffen sich wieder. – Ist sie
besessen? Von einem bösen Geist? Wird sie von diesem
geplagt, eine dunkle Macht?

Ihr Mann zeigt auf die andere Seite des Wagens: „Schau mal
da, hast du gesehen? „Ja". – Natürlich ist ihre Stimme,
zumindest fast. – Er: „Hast du gesehen?" „Ja". „Und dort,
das da?" „Ja." – „Nein". „Nein". „Nein". Sie lehnen sich
zurück in die Sitze. Sie fällt zurück. „Nein". „Nein". Ich kann
bald nicht mehr länger, das geht mir auf die Nerven. „Nein".
„Nein". Das regt mich auf, bringt mich auf die Palme. Ich
sehe zu ihr herüber. Sie schaut mich an. Unsere Blicke
treffen sich. – Soll ich für sie beten, den Dämon austreiben?
Was will sie von mir? Dass sie frei wird von diesem
Plagenden „Nein"?

Wir spielen weiter. „Nein". Wir legen Karten. „Nein". Ich konzentriere mich mehr aufs Spiel, aktiv. „Nein". Ich versuche sie zu ignorieren. „Nein". „Nein". Das Spiel nimmt seinen Lauf. Ich blende die „Nein"s langsam aus. Sie steigen bald darauf aus.

***

„Nein". Das „Nein" nenn ich das Destruktivste! „Nein". „Nein". „Nein". Die ganze Zeit „Nein". Ununterbrochen „Nein". Es nimmt alles weg. „Nein". Es raubt die Ruhe. „Nein". Es macht den Verstand wahnsinnig. „Nein". Es verleugnet. „Nein". Und nimmt Leben weg. „Nein". Da ist kein Ja, wenn „Nein" ist. Da ist nicht, wenn „Nein" gesprochen wird. Dauernd „Nein". Ein Teppich aus „Nein". Auf Dauer. „Nein". Wer oder was könnte das sein? „Nein".

Es ist der Antagonist. Der spricht „Nein". Es ist das „Etwas", das alles ver-„Nein"-t. „Etwas" dreht und pervertiert. „Etwas" will nicht, dass da ist, dass existiert, will nichts Positives, nur „Nein". „Nein" zu Leben. „Nein" zum Sein.

***

Sag nein zum „Nein", indem du „JA" sagst zum „JA". Sag „JA" zum Leben, „JA" zum Sein. Sag „JA" zu dir. Und halte dich am „JA" fest, wenn „Nein" Überhand zu nehmen droht. Denn ER wird dich halten, dich tragen. Denn SEIN „JA" zu dir ist immer da! Sein „JA" war und ist und wird sein. Denn ER ist! „JA!"

mit dem Leben kämpfen. weitere Texte.

Die Freude am Leben

Frühjahr/Sommer 2012 – erfundene Begebenheit, die wahr sein könnte

Es ist eine lange Geschichte - es ist so viel geschehen! Ich konnte immer noch nicht alles verarbeiten. Ich muss es zuerst nochmals Revue passieren lassen.

In der Rue de la gare, ganz am Ende vor dem Schuppen fiel es mir zum ersten Mal auf. Ich war traurig. Wir waren vor 4 Wochen nach Toulouse in die Ferien gereist, ein sehr schöner Ort. Ich genoss die Ruhe und die Freiheit in vollen Zügen. Ja, ich konnte nicht genug kriegen von dieser Ungebundenheit, den ganzen Tag nichts tun zu müssen, einfach nur zu dürfen. Angefangen beim Frühstück, ich konnte gehen, oder eben nicht. Auch das Aussuchen der Sorte Cornflakes liess alles offen. Das Mittagsbuffet war perfekt, einfach alles war vorhanden. Speck, Bratkartoffeln, Omelettes und das Beste war, man konnte nehmen so viel man wollte. Beim Abendessen wurde einem zuerst eine reichhaltige Suppe aufgetischt, dann der Salat, ein Hauptgang mit mindestens einer Fleischsorte und vielen verschiedenen Arten an Gemüse. Das Dessert war auch jedes mal ein Highlight - Vanilleeis mit heissen Beeren oder ein noch warmes Stück Apfelkuchen mit Sahne.

Ich genoss also die freie Zeit und war rundum glücklich. Woher also kam meine Melancholie an diesem

Sommerabend? Es ist schwierig zu erklären, aber nach 4 Wochen wusste ich einfach nicht mehr, was ich tun könnte, den ganzen Tag rumzufaulenzen hatte seinen Reiz verloren. Es war normal geworden.

Was motiviert mich am Morgen aufzustehen?

Wenn Gott nicht wäre...

2017-12-05 07.05

Was mich morgens motiviert, aufzustehen? Ich liege im Bett, mein Wecker klingelt. Sanft beginnt die Musik, ich schlage die Augen auf. Weshalb will ich eigentlich heute aufstehen? Da gibt es nichts, was für mich gerade wichtig wäre, ich hab keine Lust. Alles nicht relevant, was heute geschieht, was ansteht. Ich hab grad keine Lebenslust und will noch weiterschlafen. Ich will nicht sterben, einfach grad nicht aufstehen, nur weiterschlafen, weil ich grad nichts anderes tun will. Ich will grad nichts tun, weil nichts Relevanz hat, nichts mich emotional motiviert.

Ich liege da, eine halbe Minute lang geht das so. Eine kurze Zeit, doch fühlt sich an wie Ewigkeit. Plötzlich kommt ein Gedanke, Motivation durchströmt mich: Ich will heute Gott loben! Und "mit Menschen unterwegs sein" – weil "Menschen dienen" komisch tönt und eine fromme Floskel ist. Ich will Gott loben mit Musik und im Unterwegssein mit ihm; ich will mit Menschen unterwegs sein, weil Gemeinschaft, Beziehung leben, das Leben ausmacht, Menschen mich begeistern.

Ich liege da, diese halbe Minute, diesen Augenblick totaler Mutlosigkeit. Das wäre der Punkt, an dem ich suizidal geworden wäre. Das wäre der Zeitpunkt gewesen, an dem ich therapiereif gewesen wäre, ich in die Psyche hätte eingeliefert werden müssen, weil Lebenslust verflogen wa(e)r(e).

7.01, ich sitze auf dem Klo, wasche mir die Hände, steh in der Küche und bin begeistert. Ich freu mich einfach und weiss nicht weshalb – natürlich weiss ich weshalb, Gott hat mir Freude geschenkt – doch da gibt es keinen konkreten Grund oder etwas, worauf oder worüber ich mich freue! Ich bin einfach be-geistert, vom Geist erfüllt. Freude herrscht!

Ich geh an den Bahnhof. Singend. Ich strahle die Menschen an, die mir begegnen, grüsse den Bauarbeiter, der unzufrieden-verschlafen aus seinem VW mit Ladefläche steigt und bin einfach wunderbar glücklich.

Diese Begeisterung ist nicht zu beschreiben. Dieses Gefühl von Freude und Glück, schwerelos durch die Strassen hüpfend. Da brennt ein Feuer in mir, es strahlt aus mir heraus! Unbeschwert, beschwingt, mit Leichtigkeit fliegend, mit Musik erfüllt.

Was mich morgens motiviert, aufzustehen?
Gottes Freude, die auf mich überschwappt. Die Freude am Leben, weil er mir Leben gibt, die Freude am Leben mit ihm, Leben mit ihm löst Freude in mit aus.

Wenn Gott nicht wäre, dann bliebe mir nichts, wenn alles Bedeutungslos wird.
Wenn Gott nicht wäre, wäre meine Freude nicht da, wäre ich im Bett geblieben und nie mehr wieder aufgestanden.
Wenn Gott nicht wäre, wäre der Konjunktiv real, ist er Indikativ und ich bin, wäre dann vielleicht nicht mehr.

Wenn ich morgens motiviert bin, aufzustehen, ist es ein Geschenk Gottes. Wenn ich morgens überhaupt aufwache, ist es ein Geschenk Gottes und ich will mit ihm in den Tag hineingehen!

weitere Veröffentlichungen in der *BenG-Buchreihe*:

Spannendes...

Gedanken von Benjamin G.

Spannendes... Eine Sammlung von Gedanken und Erlebnissen des Benjamin G. In seinem ersten Buch „Spannendes ..." ist ziemlich ungefiltert *Allgemeines, Philosophisches, Besinnliches, Witziges* - manchmal auch *Sinnloses* - sowie eher *Tiefes* und *Persönliches* zu finden. Eine bunte Sammlung aus den letzten Jahren.

Autor: Benjamin Geiser

180 Seiten, Paperback – ISBN 978-3-7460-1134-9

Was das Leben ausmacht

Gedichte von Benjamin G.

39 Gedichte. Aus dem Leben geschnitten. Erlebtes und Ersehntes.
Freude und Trauer, Sehnsucht und Enttäuschung. Was das Leben
halt ausmacht ...

Gedichte, auch als Andacht geeignet oder als Impuls für
zwischendurch. Zum drüber nachdenken oder einfach geniessen.

Autoren: Benjamin Geiser, Miriam Geiser

100 Seiten, Paperback – ISBN: 978-3-7528-0280-1

Leben... Gedanken über das Leben und Erlebnisse aus dem Leben.
von Benjamin G. – *Vol. 4* in der *BenG-Buchreihe*

Stilistisch eine Mischung aus dem ersten Buch **Spannendes...** und
den zwei darauf folgenden Büchern **Was das Leben ausmacht**.
Kurze Texte, philosophische Gedanken, persönliche Erlebnisse.

Autor: Benjamin Geiser

Paperback – ISBN: 978-3-7494-7180-5

ähnliche Veröffentlichungen:

„*freigesetzt*" ist eine Sammlung von verschiedenen Texten. Manchmal humorvoll, manchmal tiefsinnig, berichten sie über das Leben, über innere und äussere Wirklichkeiten und poetische sowie unpoetische Augenblicke. Sie erzählen von Momenten der Freude und solchen der Niedergeschlagenheit, tiefen Emotionen und Herausforderungen. Und von der Macht und Güte des Schöpfers.

Autoren: Miriam Geiser, Benjamin Geiser, Anja Büchi

84 Seiten, Paperback – ISBN: 978-3-7481-4887-6